AF388215

Preiskalkulation für Unternehmer

Carsten Dürke

FSC
www.fsc.org
MIX
Papier aus ver-
antwortungsvollen
Quellen
Paper from
responsible sources
FSC® C105338

Bibliografische Information der Deutschen Nationalbibliothek: Die Deutsche Nationalbibliothek verzeichnet diese Publikation in der Deutschen Nationalbibliografie; detaillierte bibliografische Daten sind im Internet über dnb.dnb.de abrufbar.

Verlag: BoD · Books on Demand GmbH, Überseering 33, 22297 Hamburg, bod@bod.de

Druck: Libri Plureos GmbH, Friedensallee 273, 22763 Hamburg

ISBN: 978-3-8192-7754-2

Preiskalkulation für Unternehmer - einfach und praxisnah erklärt

Zielgruppe:

- Selbstständige, Freiberufler, kleine Unternehmen, Gründer

- Personen ohne tiefe BWL-Kenntnisse, aber mit ernsthaftem Interesse an fundierter Kalkulation

Inhaltsverzeichnis

5. Preisstrategie und Markt

- Konkurrenzanalyse

- Preis vs. Positionierung

- Dynamische Preisgestaltung

6. Fazit und Ausblick

- Wichtige Erkenntnisse und Vorgehensweise

- Hinweise auf zusätzliche Services

Einleitung

Warum die richtige Preisfindung entscheidend ist

Die richtige Preisgestaltung zählt zu den wichtigsten, aber auch sensibelsten Entscheidungen eines Unternehmers. Ein zu niedriger Preis gefährdet die Rentabilität, ein zu hoher Preis schreckt Kunden ab. Dennoch kalkulieren viele Unternehmer ihre Preise „aus dem Bauch heraus" oder orientieren sich ausschließlich an der Konkurrenz.

Dieser Ratgeber soll eine fundierte und verständliche Einführung in die Preiskalkulation geben. Ziel ist es, dir als Unternehmer eine strukturierte Herangehensweise an die Preisfindung zu vermitteln - praxisnah, nachvollziehbar und direkt umsetzbar.

Kapitel 1: Grundlagen der Preisgestaltung

„Nur wer seine Kosten kennt, kann seine Preise richtig kalkulieren.“ - Ein oft zitierter Satz, der auch heute nichts an Gültigkeit verloren hat.

Eine fundierte Preiskalkulation basiert auf wirtschaftlichen Grundprinzipien - vor allem auf dem Verständnis von Kosten und dem Zusammenhang zwischen Preis, Umsatz und Gewinn.

1. Fixkosten und variable Kosten

Fixkosten (auch Gemeinkosten genannt) sind unabhängig von der verkauften Menge. Sie fallen immer an - egal, ob du 0 oder 1.000 Einheiten verkaufst.

Beispiele für Fixkosten:

- Miete, Leasing

- Versicherungen

- Gehälter (festangestellte Mitarbeiter)

- Buchhaltungssoftware, Website

Variable Kosten verändern sich in direktem Zusammenhang mit der Produktions- oder Verkaufsmenge.

Beispiele für variable Kosten:

- Wareneinsatz (Einkaufskosten)

- Verpackung & Versand

- Löhne (bei Stückakkord)

- Provisionen

Praxis-Tipp: Eine saubere Trennung der Kostenarten hilft dir, deine Preisuntergrenze realistisch zu berechnen.

2. Break-even-Point (Gewinnschwelle)

Der Break-even-Point ist der Punkt, an dem deine Einnahmen exakt deine Ausgaben decken - also weder Gewinn noch Verlust entsteht.

Formel (vereinfacht):

Break-even-Menge = Fixkosten / Preis pro Einheit - variable Kosten pro Einheit

Beispiel:

Fixkosten = 10.000 €
Preis pro Produkt = 50 €
Variable Kosten = 30 €

Deckungsbeitrag pro Produkt = 20 €

Break-even-Menge = 10.000 € / 20 € = 500 Einheiten

3. Deckungsbeitrag

Der Deckungsbeitrag (DB) zeigt dir, wie viel ein Produkt zur Deckung der Fixkosten beiträgt - und darüber hinaus zum Gewinn.

Deckungsbeitrag = Verkaufspreis - variable Kosten

- DB > 0 → das Produkt ist wirtschaftlich sinnvoll

- DB < 0 → du machst mit jeder verkauften Einheit Verlust

TIPP für Unternehmer: Nutze den Deckungsbeitrag, um zu entscheiden, welche Produkte du pushen, überarbeiten oder streichen solltest.

4. Gewinnziel und Preisbildung

Nur die Deckung der Kosten reicht auf Dauer nicht. Du brauchst einen Preis, der

- Kosten deckt

- einen Gewinn ermöglicht

- vom Markt akzeptiert wird

Der Preis muss also nicht nur betriebswirtschaftlich stimmen, sondern auch strategisch durchdacht sein.

Kapitel 2: Kalkulationsarten im Überblick

Die Wahl der richtigen Kalkulationsmethode hängt vom Geschäftsmodell, der Branche und dem konkreten Ziel der Preisermittlung ab. In diesem Kapitel erhältst du einen Überblick über die gängigsten Verfahren der Preiskalkulation.

1. Zuschlagskalkulation (klassisch für Handel und Handwerk)

Diese Methode basiert auf den Selbstkosten eines Produkts (also alle angefallenen Kosten) und einem prozentualen Aufschlag, um den Verkaufspreis zu berechnen.

Formel:

Verkaufspreis = Selbstkosten + Zuschlag in %

Beispiel:

- Selbstkosten: 80 €

- Gewünschter Aufschlag: 25 %

- Verkaufspreis: 80 € + (80 € × 0,25) = 100 €

Geeignet für: produzierende Betriebe, Handwerker, klassische Handelsunternehmen

2. Stundenverrechnungssatz (für Dienstleister und Freiberufler)

Beim Stundenverrechnungssatz geht es darum, einen fairen und kostendeckenden Stundenpreis zu ermitteln.

Formel (vereinfacht):

Stundensatz = Gesamtkosten + Gewinnziel / verrechenbare Stunden pro Jahr

Beispiel:

- Gesamtkosten: 40.000 €

- Gewinnziel: 20.000 €

- Verrechenbare Stunden: 1.000

- Stundensatz: (40.000 € + 20.000 €) / 1.000 = 60 €/Stunde

TIPP: Ziehe nur die Stunden ab, die du tatsächlich an Kunden abrechnen kannst - nicht die Gesamtarbeitszeit.

3. Zielkostenrechnung (Target Costing)

Hier beginnt die Kalkulation nicht bei den Kosten, sondern beim Marktpreis. Du ermittelst zunächst, was Kunden bereit sind zu zahlen - und leitest daraus ab, wie viel dich die Herstellung maximal kosten darf.

Formel:

Zielkosten = Marktpreis - geplanter Gewinn

Beispiel:

- Marktpreis: 120 €

- Geplanter Gewinn: 30 €

- Zielkosten: 90 €

Vorteil: Kunden- und marktorientiert

Nachteil: erfordert hohe Kostendisziplin in der Produktion

4. Mischkalkulation (Quersubventionierung)

Du kalkulierst nicht jedes Produkt einzeln auf Gewinn, sondern nutzt „Renner" zur Subventionierung von „Pennern". Ziel ist ein ausgeglichener Gesamtdeckungsbeitrag.

Beispiel:

- Produkt A: hoher Gewinn, guter Absatz

- Produkt B: niedriger Preis, evtl. mit Verlust - dient als Lockangebot

- Gesamt betrachtet: wirtschaftlich sinnvoll

Beispiel aus der Praxis: Drucker günstig, Patronen teuer

5. Kalkulation mit Deckungsbeiträgen

Hier liegt der Fokus auf dem Deckungsbeitrag pro Produkt - also dem Betrag, der nach Abzug der variablen Kosten übrig bleibt.

Diese Methode wird häufig zur Produktbewertung und Angebotsentscheidung eingesetzt – insbesondere bei mehreren Produktlinien.

Beispiel:

- Produkt A: DB = 20 €; Absatz = hoch → sinnvoll

- Produkt B: DB = 3 €; Absatz = gering → kritisch prüfen

Fazit

Jede Methode hat ihre Berechtigung. Wichtig ist:

- Ziele klar definieren: z.B. Gewinnmaximierung, Markteintritt, Wettbewerbsvorteil

- Kostenstruktur kennen: sonst helfen die besten Formeln nichts

- Markt und Kundensicht einbeziehen: Preis ≠ nur Zahl, sondern auch Positionierung

Kapitel 3: Schritt-für-Schritt zur Preiskalkulation

inkl. Beispielrechnungen für Dienstleister und Händler

Ziel dieses Kapitels:

Du bekommst eine klare Anleitung, wie du deinen Preis berechnest, Schritt für Schritt. Außerdem zeige ich dir zwei konkrete Rechenbeispiele - je eins für einen Dienstleister und einen Händler.

Schritt 1: Kosten erfassen

Erfasse alle relevanten Kosten, getrennt nach:

- Fixkosten: z.B. Miete, Versicherungen, Software, Personal

- Variable Kosten: z.B. Einkaufspreise, Versand, Produktionskosten

TIPP: Auch dein eigener Unternehmerlohn sollte berücksichtigt werden.

Schritt 2: Deckungsbeitrag berechnen

Der Deckungsbeitrag zeigt dir, wie viel ein Produkt zur Deckung der Fixkosten und zum Gewinn beiträgt:

Deckungsbeitrag = Verkaufspreis - variable Kosten

Schritt 3: Break-even-Punkt bestimmen

Wie viele Einheiten musst du mindestens verkaufen, um deine Fixkosten zu decken?

Break-even-Menge = Fixkosten / Deckungsbeitrag pro Einheit

Schritt 4: Gewinnziel definieren

Überlege dir, wie viel Gewinn du erzielen möchtest - pro Produkt oder gesamt.

Verkaufspreis = Selbstkosten + Gewinnaufschlag

Schritt 5: Markt und Wettbewerb analysieren

Schau auf:

- Vergleichbare Preise bei Mitbewerbern

- Deine Positionierung: Hochwertig, günstig, spezial?

- Kundennutzen & Zahlungsbereitschaft

Die Preiskalkulation ist immer ein Zusammenspiel aus Kosten, Markt, Strategie und Zielgruppe.

Rechenbeispiel 1: Dienstleister (Grafikdesigner)

Kostenart	Betrag (jährlich)
Miete & Nebenkosten	4.800 €
Software & Tools	1.200 €
Versicherungen	600 €
Unternehmerlohn	24.000 €
Fixkosten gesamt	30.600 €

Verrechenbare Stunden pro Jahr: 1.020

Gewinnziel: 6.000 €

Stundensatz = (30.600 + 6.000) / 1.020 = ca. **36 €/Stunde**

Rechenbeispiel 2: Händler (Online-Shop für Teezubehör)

Position	Betrag pro Einheit
Einkaufspreis Teekanne	10 €
Verpackung & Versand	4 €
Plattformgebühren	2 €
Variable Kosten gesamt	16 €

Fixkosten pro Monat: 2.000 €

Gewinnziel pro Monat: 1.000 €

Deckungsbeitrag pro Stück bei Verkaufspreis 30 € = 14 €

Benötigte Verkäufe / Monat = (2.000 + 1.000) / 14 = ca. **215 Stück**

Nützliche Hilfe: Excel-/Numbers-Vorlage

Die Excel-/Numbers-Datei zur Kalkulation beinhaltet:

- Eingabe des Einkaufspreises reicht - die restlichen Kosten werden automatisch kalkuliert

- Berechnung Listenpreis, unverbindliche Preisempfehlung

Ein mächtiges Tool.

Wirkt unscheinbar, ist aber sehr hilfreich bei der Preisfindung. Deswegen ist sie auch nicht kostenlos zu haben.

Bei Interesse bitte gesondert per E-Mail anfordern.

Kapitel 4: Psychologische Aspekte der Preisgestaltung

„Kunden kaufen nicht nur Produkte - sie kaufen Preisgefühle."

Preiswahrnehmung ist selten rational. Genau deshalb ist es wichtig, psychologische Prinzipien bei der Preisgestaltung zu kennen und gezielt einzusetzen.

1. Preisschwellen und Rundungsgrenzen

Konsumenten reagieren sensibel auf bestimmte Preispunkte - sogenannte psychologische Preisschwellen.

Ein Preis von 49,90 € wirkt deutlich günstiger als 50,00 €, obwohl der Unterschied minimal ist.

Typische Schwellen:

- 9er-Endungen („Charme-Preis"): 4,99 €, 29,95 €

- glatte Beträge: 10 €, 100 € (wirken wertiger, aber auch teurer)

- Schwelle zur nächsten Hunderterstelle: 199 € statt 201 €

TIPP: Wenn du deine Leistung hochwertig positionierst, kann ein glatter Preis seriöser wirken (z.B. 80 € statt 79,99 €).

2. Preisanker setzen

Kunden beurteilen Preise nicht absolut, sondern im Vergleich. Ein hoher „Ankerpreis" im Angebot kann den tatsächlichen Preis attraktiver erscheinen lassen.

Beispiel:

„Statt 149 € - jetzt nur 99 €"
oder: „Premium-Paket: 499 €, Standard: 299 €" - der Premiumpreis
lässt den Standard attraktiver wirken.

Nutze Vergleichspakete, Staffelpreise oder „statt"-Preise, um dein
Angebot bewusster zu steuern.

3. Rabatte - gezielt, nicht reflexhaft

Rabatte können den Absatz steigern, aber langfristig den Preiswert
deiner Marke untergraben, wenn sie dauerhaft oder zu häufig
eingesetzt werden.

Sinnvolle Rabattarten:

- Mengenrabatt (z.B. ab 5 Stück)

- Frühbucherrabatt

- „Erstkunde? 10% Willkommensvorteil"

- zeitlich befristete Aktionen (z.B. „nur bis Sonntag")

ACHTUNG: Dauerhafte Rabatte wirken wie ein neuer Normalpreis.
Verwende sie bewusst und strategisch.

4. Preis als Qualitätsindikator

In vielen Branchen gilt: Was teurer ist, wird als besser
wahrgenommen.
Ein zu niedriger Preis kann daher misstrauisch machen - besonders
bei Beratungen, Dienstleistungen und erklärungsbedürftigen
Produkten.

Positionierst du dich als Profi, darf dein Preis das auch
widerspiegeln.

5. Transparenz schafft Vertrauen

Gerade bei Dienstleistungen hilft es, den Preis verständlich zu erklären. Zeige dem Kunden:

- was im Preis enthalten ist,

- was ihn erwartet,

- welchen Nutzen er davon hat.

Beispiel: „Der Preis enthält: 3 Stunden individuelle Beratung, eine schriftliche Zusammenfassung und einen Maßnahmenplan."

Fazit

Ein guter Preis ist nicht nur rechnerisch richtig, sondern auch psychologisch durchdacht.

Wenn du es schaffst, deinen Preis:

- wertig zu präsentieren,

- vertrauenswürdig zu erklären und

- klug zu positionieren -

… dann gewinnst du nicht nur Kunden - sondern auch Respekt für deine Leistung.

Kapitel 5: Preisstrategie und Markt

„Der Preis ist nicht nur eine Zahl - er ist Teil deiner Positionierung." Die richtige Preisstrategie entscheidet darüber, wie du im Markt wahrgenommen wirst - günstig, hochwertig, exklusiv oder fair.

1. Was ist eine Preisstrategie?

Eine Preisstrategie legt deine grundsätzliche Preispositionierung am Markt fest. Sie beantwortet Fragen wie:

- Möchte ich als günstiger Anbieter auftreten?

- Positioniere ich mich als Premiumanbieter?

- Reagiere ich flexibel auf Konkurrenzpreise?

- Oder bleibe ich stabil, unabhängig vom Wettbewerb?

Die Preisstrategie wirkt langfristig - sie beeinflusst deine Kundenstruktur, deinen Gewinn und deine Markenwahrnehmung.

2. Typische Preisstrategien im Überblick

Strategie	Zielgruppe	Merkmale
Hochpreis-strategie	qualitätsbewusste Kunden	Premiumpositio-nierung, hoher Service
Niedrigpreis-strategie	preissensitive Kunden	große Mengen, geringe Margen
Penetrations-strategie	Markteintritt, neue Produkte	niedriger Startpreis → später steigern
Skimming-strategie	innovative Produkte, Early Adopters	hoher Startpreis → sukzessive Senkung
Preis-Mittelstrate-gie	breiter Markt, Wettbewerbs-schnitt	„gutes Preis-Leistungs-Verhältnis"

TIPP: Die Strategie muss zu deinem Angebot, deinem Zielkunden und deiner Markenidentität passen.

3. Marktanalyse: Was macht der Wettbewerb?

Bevor du deinen Preis festlegst, schau dir den Markt an:

- Was verlangen deine Mitbewerber?

- Welche Leistungen sind in deren Preis enthalten?

- Wie ist deren Markenauftritt (Website, Qualität, Bewertungen)?

- Wo gibt es Lücken, die du füllen kannst?

Ziel: Finde deinen eigenen Platz im Markt - du musst nicht der Billigste sein, sondern der Beste für deine Zielgruppe.

4. Preispositionierung - bewusst und konsequent

Dein Preis beeinflusst die Wahrnehmung deiner Marke:

- Niedrigpreis = sparsam, funktional, eventuell „billig"

- Hochpreis = exklusiv, hochwertig, anspruchsvoll

- Mittleres Preisniveau = solide, vertrauenswürdig, fair

WICHTIG: Der Preis muss zu deinem Auftritt, deiner Kommunikation und deinem Kundenversprechen passen.

5. Dynamische Preisgestaltung (optional)

In bestimmten Branchen (z.B. E-Commerce, Software, Hotelgewerbe) ist eine flexible Preisstrategie sinnvoll:

- Rabattstaffeln (z.B. „ab 10 Stück -10 %")

- zeitliche Preisaktionen („nur bis Sonntag…")

- regionale Anpassungen (z.B. in Ballungszentren höhere Preise)

- A/B-Tests bei Onlineprodukten

ABER: Häufige Preisschwankungen können Vertrauen kosten - setze sie gezielt ein.

Fazit

Die richtige Preisstrategie richtet sich nicht nur nach deinen Kosten, sondern auch nach:

- deinem Markt,

- deiner Zielgruppe,

- deinem Wettbewerb

- und vor allem: deiner unternehmerischen Vision.

Wer hier klar entscheidet, positioniert sich langfristig erfolgreich - unabhängig davon, ob hochpreisig oder günstig.

Fazit und Ausblick: Erfolgreiche Preiskalkulation für Unternehmer

Die Preiskalkulation ist eine der zentralen Aufgaben jedes Unternehmers. Sie ist nicht nur eine mathematische Übung, sondern auch eine strategische Entscheidung. Ein Preis muss alle Kosten decken, einen angemessenen Gewinn ermöglichen und gleichzeitig im Markt sowie bei der Zielgruppe akzeptiert werden.

Wichtige Erkenntnisse:

- Kostentransparenz ist der Schlüssel: Nur wer seine Fixkosten und variablen Kosten genau kennt, kann einen fairen Preis festlegen.

- Die richtige Preisstrategie entscheidet über die Marktpositionierung und den langfristigen Erfolg. Ob du dich als Premiumanbieter oder als preisbewusster Anbieter positionierst - der Preis beeinflusst, wie Kunden dein Unternehmen wahrnehmen.

- Psychologische Aspekte spielen eine zentrale Rolle: Setze Preisschwellen, Rabatte und Ankerpreise clever ein, um das Preisgefühl bei deinen Kunden zu steuern.

- Marktanalyse und Wettbewerbsbeobachtung sind essenziell: Dein Preis sollte nicht nur intern kalkuliert werden, sondern auch extern überprüft und an den Marktbedingungen ausgerichtet sein.

- Dynamische Preisgestaltung ermöglicht es, flexibel auf Nachfrageänderungen und Konkurrenzpreise zu reagieren, sollte aber mit Bedacht eingesetzt werden, um Vertrauen nicht zu gefährden.

Deine nächsten Schritte:

1. Analysiere deine Kostenstruktur: Überprüfe regelmäßig deine Fix-
und variablen Kosten.

2. Entwickle eine klare Preisstrategie: Wähle eine Positionierung,
die zu deinem Angebot und deiner Zielgruppe passt.

3. Setze psychologische Preisstrategien ein: Nutze 9er-Preise,
Ankerpreise und Rabatte gezielt, um die Wahrnehmung zu steuern.

4. Teste deinen Preis im Markt: Beobachte regelmäßig, wie deine
Preise beim Kunden ankommen und optimiere sie, wenn nötig.

Fazit für den Unternehmer:

Eine erfolgreiche Preiskalkulation erfordert mehr als nur eine mathematische Berechnung. Sie erfordert Marktverständnis, Psychologie und Strategie. Wenn du diese Faktoren beachtest und flexibel auf Veränderungen reagierst, kannst du nicht nur deine Kosten decken, sondern auch deine Gewinnziele erreichen und dein Unternehmen erfolgreich positionieren.

Und dann bleibt mir nur noch, dir alles Gute, gutes Gelingen und viel Erfolg bei deinen unternehmerischen Vorhaben zu wünschen. Hast du Fragen oder Verbesserungsvorschläge? Möchtest du die Kalkulationsvorlage bestellen? Dann bin ich gerne für dich da!

Carsten Dürke
Geprüfter Betriebswirt
Master Professional in Business Management
(HK Hamburg)
c.duerke@web.de